Direcció d'art: Departament d'imatge i disseny GELV

Disseny de la coberta: Gerardo Domínguez

Primera edició en català: març de 2009

Traducció: Elena Martín i Valls
Títol original: *Marimar, la sirena gruñona*

C/ Salvador Espriu, baixos 2a
08005 Barcelona
www.baula.com

ISBN: 978-84-479-1949-9
Dipòsit legal: Z-250-09

Tallers Gràfics Edelvives (50012 Saragossa)
Certificats ISO 9001
Printed in Spain

Mariona, la sirena rondinaire

Rocío Antón i Lola Núñez

Il·lustracions
Claudia Ranucci

BAULA

La Mariona era una sirena. Tenia una cua de  i una veu dolça. Era bonica com una , però tenia pocs amics perquè era molt rondinaire.

Protestava si havia de cantar i tocar la seva ; si havia de tenir cura dels  petits, o si havia de rescatar un nàufrag d'algun  enfonsat.

Les  estaven molt atrafegades. Al matí, feien classes de cant a l'escola de 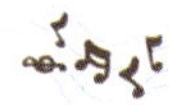 dels . A la tarda, confeccionaven  de  i . I a la , cantaven cançons de bressol als  petitons del fons del . Totes les sirenes treballaven de bon humor.

Totes, tret de la Mariona,
que no parava de rondinar.

Una , un  li va demanar:

—Saps cançons del ?

—Sí, però ara no em ve de gust cantar —va contestar la Mariona.

El  es va posar a plorar.

La Mariona va sentir llàstima i va cantar:

—PEIXET, DE LA CANYA, DE LA CANYA,
PEIXET, DE LA CANYA AL SARRONET.

Un altre dia, un  li va preguntar:

—Saps jocs del ?

—Sí, però ara no em ve de gust jugar —va contestar la Mariona.

El  es va posar a plorar.

La Mariona va sentir llàstima, va fer una  amb algues i li ensenyà de saltar.

SI LA BARQUETA ES TOMBA,

NENA NO TINGUIS POR,

ALÇA LA CORDA ENLAIRE

I CANTA UNA CANÇÓ...

Una , un  que no podia dormir va demanar a la Mariona:

—Canta'm una cançó de bressol.

—Ara tinc son i no et vull bressolar —va contestar la Mariona.

El petit  es va posar a plorar.

La Mariona va sentir llàstima d'ell i va començar a bressolar-lo:

SON, SONETA, VINE AQUÍ,
A LA VORA DEL COIXÍ.
QUAN LA SONETA VINDRÀ,
EL  S'ADORMIRÀ.

Un dia hi va haver una gran tempesta. Les  semblaven 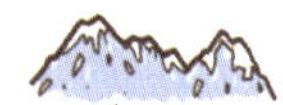 i els  eren com  de llum.

Els  van avisar les  perquè rescatessin els nàufrags.

Totes les  estaven ocupades, i la Mariona anà a rescatar-los sola.

La Mariona va portar els nàufrags a una , sense parar de rondinar.

A la , la Mariona va anar a l'  per comprovar que els nàufrags estaven bé. Un cop allà, es va amagar darrere una  i va sentir dir a un d'ells:

—He somiat que ens salvava una sirena. Era molt bonica, però tenia un geni de mil .

—Quina casualitat! Jo he somiat el mateix —va afegir un altre.

La Mariona sabia que parlaven d'ella i va posar atenció a la conversa dels nàufrags:

—Les  tenen una veu molt bonica. Si jo la tingués, quan estigués a punt d'enfadar-me, em posaria a cantar —va dir un altre nàufrag mirant la .

La Mariona va tornar molt preocupada al fons del , i va decidir preguntar als seus veïns què pensaven d'ella.

Va preguntar primer al petit :

—Tu creus que tinc mal geni?

Una mica espantat, el  va contestar:

—Que si tens mal geni? Doncs una miqueta.

Després, la Mariona va preguntar als :

—Creieu que tinc mal geni?

I, espantats, els  van contestar:

—Mal geni tu? Sí, a vegades.

I la Mariona va anar preguntant als , als  i als . Tots van contestar que sí, que tenia molt mal geni.

Aquell dia, la Mariona va decidir canviar.

Quan la Mariona tenia ganes de rondinar, s'inventava una cançó i la cantava. Així es va convertir en la compositora més famosa del .

Dedicava cançons i raps als ,
a les , als ... Amb el temps,
tots els habitants del  van tenir
la seva pròpia cançó o el seu propi rap.

El rap més famós de la Mariona deia així:

LA SIRENA RONDINAIRE
ET VOL ENSENYAR
QUE ENFADAR-SE PER TOT
NO ÉS GENS ASSENYAT.
SI CANTES I BALLES
SEGUINT AQUEST RAP,
FELIÇ I CONTENT
TU SEMPRE ESTARÀS.

Pictogrames

 arpa

 balenes

 vaixell

 cavalls marins

 cargol de mar

 cargols de mar

 collarets

 corda

 dofí

 dofins

 diables

 espases

 illa

 llamps

 lluna

 mar

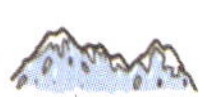 muntanyes

 música

 nit

 ones

 peixcos

 perla

 peix

 pedra

 petxines

 pop

 pops

 sirenes